スペシャルマンガ 登場人物

主人公ナナミは、これからみんなといっしょに整理整とん術を学んでいくよ。
ナナミは、整理整とんでどんなふうに変わっていくのかな……？

ナナミ（10歳）

ちょっぴりズボラな小学4年生。整理整とんは苦手だけれど、5年生になる前に部屋をキレイにすることを決意。ユウキのことが気になっている。

ユウキ（10歳）

明るく元気な小学4年生の男の子。ナナミのとなりのクラス。「部屋がキレイな女子にあこがれている」らしい。

マイ（17歳）

ナナミの家のとなりに住む高校2年生。しっかり者でいつもやさしい、ナナミのあこがれのお姉さん。整理整とん術について教えてくれる。

CONTENTS

・もくじ・

スペシャルマンガ　登場人物 2

スペシャルマンガ ❶ 3

はじめに 10

LESSON 1 まずは、自分を知ろう！

スペシャルマンガ ❷ 12

整理整とん術で変わりたい 16

どうして部屋はちらかるの？ タイプ別診断★ 17

タイプ別診断★ 結果 18

「目的」と「目標」で「夢」をかなえよう 20

整理整とん術でココロからキレイになる 1 24

LESSON 2 整理整とんってどうやるの？

スペシャルマンガ ❸ 26

大すきなものをえらびとる「整理」 30

パズルのように楽しむ「収納」 31

ふだんから心がけよう「片づけ」 32

すっきり感がつづく「整とん」 32

整理整とんをはじめる前に 33

スケジュールを立ててコツコツと♪ 34

整理 本当の「もったいない」は
使わずにしまっておくこと 36

整理 ものに「さようなら」をしてすっきり 37

| 収納 | 収納のきほんはカテゴリー分けから | 38 |

| 収納 | 収納のキーワードは「動線」 | 41 |

| 収納 | 「動線」に合った収納づくり★ | 42 |

| 収納 | 「取りだしやすい位置」をマスターしよう | 43 |

| 収納 | タイプ別！ おすすめ収納★ | 44 |

| 片づけ 整とん | キレイをキープするための
仕上げは片づけ、整とん | 45 |

コラム 自分好みの部屋をつくろう ……………………………… 46

整理整とん術でココロからキレイになる 2 …………………… 48

LESSON 3 カテゴリーごとに すっきり部屋づくり①

スペシャルマンガ④ ………………………………………… 50

整理、収納 Before → After ………………………………… 52

| 整理 収納 | 整理、収納で
さわやかスクールライフ | 56 |

- 勉強アイテムの整理ですっきり ………………………………… 56
- 文房具の収納で勉強がはかどる ………………………………… 58
- 教科書、ノート、ドリルの収納で勉強に集中する …………… 62
- プリントの収納で大切な情報をわすれない …………………… 64
- ランドセルの収納で心によゆうを ……………………………… 66
- 授業アイテムの収納で授業をスマートに受けよう …………… 68

| 整理 収納 | おしゃれが楽しくなる整理、収納 | 70 |

- おしゃれアイテムの整理ですっきり …………………………… 70
- おしゃれアイテムの収納の準備 ………………………………… 71
- トップスの収納でおしゃれ上手に ……………………………… 72

- ボトムスの収納で全身美しく……74
- 下着、くつ下の収納でおしゃれレベルアップ……75
- おしゃれ小物をキュートに収納……76
- アクセサリーをディスプレー風に収納……77
- ビューティアイテムの収納でさらに美しく……78
- くつの収納で、おでかけが楽しくなる……78

コラム おしゃれアイテムのケア★……79

整理整とん術でココロからキレイになる③……80

LESSON 4 カテゴリーごとにすっきり部屋づくり②

スペシャルマンガ⑤ ……82

整理 **収納** 習い事アイテムで放課後をもっと楽しく……84
- 習い事アイテムの整理ですっきり……84
- 習い事アイテムをコンパクトに収納……85

整理 **収納** しゅみアイテムで自分の時間をハッピーに……86
- しゅみアイテムの整理ですっきり……86
- しゅみアイテムの収納で生活にメリハリをつける……87

コラム ラベリングにチャレンジ★……88

整理 **収納** 読書タイムをもっと楽しく……90
- 本、雑誌の整理ですっきり……90
- 本、雑誌をえらびやすく収納……91

整理 **収納** 思い出アイテムでココロからゆたかになる……92
- 思い出アイテムの整理ですっきり……92
- 思い出に合った収納をつくろう……93

コラム 見せる収納、かくす収納 94

整理整とん術でココロからキレイになる 4 96

LESSON 5 ❀ キレイな部屋をキープしよう

スペシャルマンガ ⑥ ▶ 98

片づけ 片づけで部屋もココロも美しく 102

整とん 整とんでキレイがつづく 103

部屋のそうじでもっとすっきり★ 104

お気にいりの空間をつくろう♥ 106

リメークでもっと居心地のいい部屋に 108

コラム ちょこっと風水ですてきな部屋づくり♥ 111

整理整とん術でココロからキレイになる 5 112

LESSON 6 ❀ 整理整とん術で 理想の自分を手に入れる!

スペシャルマンガ ⑦ ▶ 114

笑顔あふれるおうちにしよう 116

キレイなスペースを家族でシェアしよう 118

学校の整理整とんで毎日かがやく 120

整理整とん術で理想の1日を★ 122

スペシャルマンガ ⑧ ▶ 124

整理整とん術でココロからキレイになる 6 126

はじめに

みんなは「整理整とん」や「片づけ」と聞くと、どんな言葉をイメージしますか？ きっと「めんどくさい」「やりたくない」というイメージをもっている人が多いんじゃないかな。

じつはわたしのまわりにも、そんなイメージをもっている人が多いです。でも、そんな人たちにいつもわたしはこう言います。「整理整とんや片づけって、楽しいことだらけ、いいことだらけなんですよ！」と。

この本には「整理、収納、片づけ、整とん」の意味や、それぞれのやり方が、イラストとともにわかりやすくかかれています。この本を手に取ってくれたみんなが「わたしでもできるかも！」「整理整とんって楽しいかも！」と思ってくれたらとてもうれしいです！

「整理、収納、片づけ、整とん」は、かならず笑顔につながるもので、今のあなたを助けてくれるもの。そして、未来のあなたをかがやかせてくれるものです。そのひみつは、この本を読みおわるころにわかると思います。ぜひ、楽しみながら読んでみてください。

整理収納アドバイザー
梶ヶ谷 陽子

LESSON 1

まずは、自分を知ろう！

あなたはどんな女の子にあこがれる？
じっくり自分を見つめなおすことが、
整理整とん術を身につける近道なの♪

整理整とん術で変わりたい

部屋がキレイだと、
とっても気持ちよくて、
心からハッピーに
すごせるの。
部屋がきちんと片づく
整理整とん術を身につけて、
部屋も心もすっきり、
すてきな女の子になろう！

整理整とんに苦手意識をもっていない？
まずは、あなたが
「なぜ整理整とんが苦手なのか」
を考えてみて。
あなたにはあなたなりの
原因があるはずだよ。

あなたのタイプを
つぎのページでチェック★

どうして部屋はちらかるの？タイプ別診断 ★

つぎのA～Dの文章を読んで、あてはまるところにチェックを入れてね。
あてはまるものは、いくつあってもOKだよ。

A
- つくえのひきだしやたなの中がぱんぱん。
- 無料だと、あまり必要がなくてもついもらっちゃう。
- 気がつけば、いつもにたようなものを買っている。

Aの中であてはまったのは……　　　個

B
- 片づけているときに、つい手紙や写真を見て時間がすぎちゃう。
- 「いつか使うかも……」と思って、保管してあるものがいっぱい。
- 人からもらったものは、ぜったいにすてられない。

Bの中であてはまったのは……　　　個

C
- ものを使ったあと、なんとなくべつの場所においちゃう。
- 気がつくと、つくえの上にものが広がっている。
- さがしものが見つからないことがよくある。

Cの中であてはまったのは……　　　個

D
- 片づけがすきで、部屋がキレイだとよく言われる。
- 使わないものや、いらなくなったものを手放すのが得意。
- もっと使いやすい収納方法を知りたい。

Dの中であてはまったのは……　　　個

➡結果はつぎのページへ！

LESSON 1　まずは、自分を知ろう！

タイプ別診断 ★ 結果

17ページのA～Dのうち、あてはまった項目が多かったのがあなたのタイプだよ！
2個以上チェックがついたところを参考にしてね。

Aが多かったあなたは……

♥大らかタイプ♥

ものがすてられない！
「お気にいり」のものだけえらぼう

もっているものの量が多くて、収納しきれていないのがこのタイプ。自分のもっているものをすべて見なおして、お気にいりのものだけをえらぼう♪

Bが多かったあなたは……

◆こだわりタイプ◆

もちものへのこだわりは人一倍！
「思い出アイテム」を見なおそう

いろいろな思い出がつまったものを手放せないのは、ものに対するこだわりが強いからかも。ものとのつきあい方を学んでみよう！

Cが多かったあなたは……

★ マイペースタイプ ★

**使ったものをあちこちおいちゃう！
自分に合った収納場所をつくろう**

マイペースなあなたは、「とりあえず」「なんとなく」、ものをあちこちにおいていない？　自分の動きに合った収納を考えれば、部屋がちらからなくなるはず！

Dが多かったあなたは……

♠ しっかり者タイプ ♠

**整理整とんは得意！
さらなるステップアップをめざそう**

整理整とんがすきで、部屋をキレイにするのが得意なあなたは、もっと使いやすい収納を見つけよう。さらに居心地のいい部屋づくりにチャレンジ★

LESSON 1　まずは、自分を知ろう！

あなたはどのタイプ？
あてはまるタイプは
ひとつとはかぎらないよ！

➡ このあとのページでは、タイプ別に
　おすすめ収納やアドバイスを紹介していくよ。

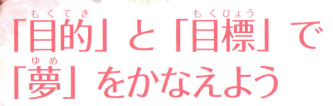

「目的」と「目標」で「夢」をかなえよう

あなたはどんな女の子になりたい？
整理整とんをはじめる前に、夢や目的を決めよう。
なりたい自分や部屋をイメージしてみてね。

✿ かがやく「夢」をもとう

まずは、「自分がどんな女の子になりたいか」という「夢」を考えよう。どんな大きな夢でも大丈夫。夢があると、くじけそうなときにがんばれるはず。

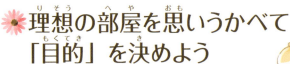

- キレイになりたい
- 大人っぽくなりたい
- 人気者になりたい
- 心によゆうをもちたい

など

✿ 理想の部屋を思いうかべて「目的」を決めよう

「夢」が決まったら、夢をかなえるためにどんな部屋をつくりたいか考えてみよう。それがあなたの「目的」になるよ。

- 友だちをよべる
- 落ちつける
- ものをなくさない
- おしゃれ

など

🌼「目標」づくりでモチベーションアップ ♥

「目的」の部屋をつくるためには、何をしたらいいのかな？
達成できそうな小さな「目標」をたくさん考えてみよう。

夢・目的・目標は紙にかいておくといいよ

目標
- 使いやすいひきだしにする
- プリントを取りだしやすくする
- いらない服を手放す

など

LESSON 1 まずは、自分を知ろう！

ナナミの場合

目標を決めるとできるような気がしてきた！

夢
ユウキくんにすてきだと思ってもらえる女の子

目的
片づいていてかわいい部屋

目標
つくえに勉強スペースをつくる

目標
本だなをキレイにする

目標
大すきなものをかわいくかざる

ふと目をとじると
うかんでくる、
すてきな女の子。

「こうなりたい」って
思ったときから、
あなたはもう
変わりはじめている。

さぁ、夢をかなえよう。

整理整とん術で
ココロからキレイになる 1

LESSON 1 を終えたあなたは……

🌺 整理整とんが苦手な原因がわかった
🌺 自分の夢を決めた

自分の苦手なことと向きあうのは
勇気がいるよね。
でも、一歩ふみだして変わりはじめた
あなたはとってもすてき★
ふだんから夢を思いうかべて、
なりたい自分をめざしてみよう。
そうすれば、未来のあなたが
もっとかがやくはず！

LESSON 2

整理整とんって どうやるの？

いざ整理整とんをはじめようと思っても、
何から手をつければいいの!?
まずは、「4つのステップ」を学んでいこう！

大すきなものをえらびとる「整理」

「整理整とん」は、「整理」「収納」「片づけ」「整とん」の4つのステップに分かれているよ。
「整理」はすべての土台になる、とっても大切な作業なの。

❋「整理」は"すてる"ことじゃない

「整理」とは、必要ではないものを取りのぞき、大すきなものや大切なものをえらびとることだよ。あなたにとって大切なものは何かな?

大らかタイプへのアドバイス
自分に本当に必要なものを見きわめる力をつけよう。

よく使うアクセサリー

お気にいりのワンピース

思い出の写真や手紙

❋スペースを大事に使おう

あなたが使えるスペースにはかぎりがあるよ。だから、あまりすきじゃないものや使わないものをおいておくのはもったいない! 大すきなものや大切なものにかこまれていたら、きっと毎日笑顔ですごせるね。

➡ **整理のくわしいやり方は36ページから!**

パズルのように楽しむ「収納」

「収納」は、必要なものを出し入れしやすい状態にしてしまうこと。どこに何をしまうか、自分なりに工夫してみて。

LESSON 2　整理整とんってどうやるの？

❀ ものには居場所が必要

「あれはどこにしまったかな？」「これがどうしてここに!?」……こんな経験はない？　それはきっと、ものの居場所が決まっていないからなの。一つひとつのものを「ここにしまう」と決めてあげることが、収納のきほん。

❀「収納」は無限大！

収納のやり方に正解はないよ。自分なりに工夫して、あなたが使いやすい収納を考えてみてね。自分に合った収納が見つかったとき、パズルのピースがはまったときのような気持ちよさがあるはずだよ♥

> **しっかり者タイプへのアドバイス**
> 自分にぴったりのしまい方を考えてみよう。

➡収納のくわしいやり方は38ページから！

ふだんから心がけよう「片づけ」

使ったものをもとにもどすことを「片づけ」というよ。しぜんに片づけができるようになったら、きっと理想の自分に近づいているはず！

➡片づけのくわしいやり方は45ページへ！

すっきり感がつづく「整とん」

キレイになった部屋を、見た目よく整えることを「整とん」というよ。つねにすっきりした部屋をキープできると、毎日さわやかにすごせるよね。

➡整とんのくわしいやり方は45ページへ！

整理、収納、片づけ、整とんを木にたとえると、右のようなイメージ。キレイな葉（片づけ）をつけるためには、木の根（整理）やみき（収納）のような土台が大切になるよ。毎日の水やり（整とん）もわすれずに♪

32

整理整とんをはじめる前に

整理整とんをするときに、
気をつけてほしい大切なことだよ。
はじめる前にしっかり読んでおいてね！

家族に宣言しよう

「整理整とんをはじめる」ということを、おうちの人に宣言しよう。こまったときに相談にのってもらえるかもしれないよ。

自分のペースで一つひとつのりこえる

整理整とんは、あせらず自分のペースで進めれば大丈夫。1日にひきだし1段分でも、かならず部屋はキレイになっていくよ。とちゅうであきらめずに、コツコツチャレンジ！

分別には気をつけて

すてたいものが出たら、かならずおうちの人にすてていいか確認し、分別してごみ箱へ。分別でまよったときもおうちの人に確認しよう。

LESSON 2　整理整とんってどうやるの？

スケジュールを立てて コツコツと♪

「部屋をキレイにしよう！」と思いたっても、ごちゃごちゃした部屋をキレイにするのはなかなか大変そう。でも、スケジュールを立ててみると片づけのイメージがつきやすくなるよ。ふしぎとやる気が出てくるはず！

期限を決めてやる気アップ

まずは「いつまでに部屋をキレイにする」と決めてみよう。「△日に○○ちゃんを家によぶ」「新しい学期がはじまる前に」など、具体的な期限があるとモチベーションがアップ。

明日までにキレイにする！

NG!

無理な期限を決めると、長つづきしないよ。よゆうをもってこなせるスケジュールを立てよう。

毎日コツコツ取りくもう

期限を決めたら、どこを整理整とんするか、1日ずつ予定を組んでみよう。習い事などの予定があるときは、無理せず少しずつ取りくもう。

ポイント

整理、収納にどのくらい時間がかかるかわからなければ、ためしに10分やってみよう。どのくらいできるか、たしかめられるよ。

LESSON 2 整理整とんってどうやるの？

スケジュール例

19日のスケジュール

午後
3:30 帰宅
4:00 プール
5:30 プリントの整理
6:00 夕食
8:00 おふろ
9:00 就寝

「プリントの整理」「文房具の収納」など、具体的に予定を決めておくといいよ。

整理 収納 片づけ 整とん

本当の「もったいない」は使わずにしまっておくこと

まずは、身のまわりのアイテムを「必要なもの」と「必要ないもの」に分けていくよ。つくえの上や、ひきだし1段分など、小さなスペースからはじめてみてね。

🌼 本当に必要？

アイテムを「必要」か「必要ない」かに分けるよ。
① 1年間で一度も使っていないもの
② 思い出や思い入れがないもの
③ この先も使わないもの
この3つをみたすものは、必要ないものの可能性が高いよ。

NG! 「前に使っていたから必要」、「いつか使うかもしれないから必要」というのは、「今は必要ない」ということだよ。

🌼 こまったときは「まよいボックス」へ

「思い出があってまようもの」
「思い出はないけれどまようもの」に分けてもいいね。

日づけをかいてはっておこう。

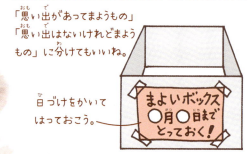

すぐに分けられない場合は、ボックス(紙袋でもOK)に入れて一時保管する「まよいボックス」をつくってみて。保管期限を「3か月」などと決めて、その間に一度も使わなければ手放そう。思い出があるものは、無理に手放さなくてもいいよ。

 # ものに「さようなら」を してすっきり

「必要ない」と判断したものは、ものに合った方法で手放そう。
ものとのおわかれはさみしいけれど、すっきりした気持ちになるよ。
使われていなかったものも、べつのだれかに使ってもらったほうが
うれしいはず！

LESSON 2　整理整とんってどうやるの？

いろいろな手放し方

「必要ない」と決めたものは、思いきって手放そう。手放す方法は、おもに3通りあるよ。手放すときは、かならずおうちの人に相談してね。

NG!

相談をしないと、おうちの人にとって大切なものを手放してしまうかもしれないよ。

★1 資源回収に出す

服や本類などは、資源回収に出してリサイクルしよう。回収日をしっかりチェックしてね。

★2 ゆずる

友だちや親せきの子にゆずったり、バザーやフリーマーケット、リサイクルショップに出したりしてもいいね。

★3 すてる

地域の分別ルールにしたがってすてよう。

「感謝の気持ちをこめておわかれしようね」

収納のきほんはカテゴリー分けから

整理・収納・片づけ・整とん

整理が終わったら、身のまわりのアイテムを
「勉強」「本」「おしゃれ」「習い事」「しゅみ」「思い出」の
6カテゴリーに分けてみよう。
紙袋などを6つ用意して、分けて入れていくのがおすすめ！

勉強アイテム

勉強や学校で使うアイテムだよ。

- 文房具
- プリント
- 教科書
- ランドセル
- ノート
- 授業アイテム
- ドリル

など

ポイント

勉強アイテム、本、おしゃれアイテムはカテゴリー分けがしやすいので、はじめにやるのがおすすめ。

本

本だなにしまうものだよ。

- 絵本
- マンガ
- 図鑑
- 小説
- 雑誌

など

おしゃれアイテム

おしゃれをするときに使うアイテムだよ。

- トップス
- ぼうし
- ボトムス
- ヘアアクセサリー
- 下着
- アクセサリー、小物
- くつ下
- スキンケアグッズ
- ベルト
- メーク道具
- かばん
- くつ

など

「すべてのもちものを出してカテゴリー分けしてね！」

習い事アイテム

習い事に使うアイテムだよ。
- テキスト
- タオル
- レッスン着　など

しゅみアイテム

しゅみや遊びに使うアイテムだよ。
- レターセット
- おりがみ
- シール
- お人形
- ジグソーパズル
- キーホルダー
- ビーズ

など

思い出アイテム

わすれられない思い出がつまったアイテムだよ。「昔使っていた大切な楽譜」「もうはけないけれど大すきなくつ」などもここに入るよ。
- 写真
- 学校などでつくった作品
- 手紙
- プレゼント

など

5つのカテゴリーに入らなかったものや、今は使わないけれどのこしておきたいもの、ものと向きあったとき「まだ手放せない」と感じたアイテムも思い出アイテムに入れよう。

どのカテゴリーに分けるかまよったものは、べつの紙袋にまとめておこう！

LESSON 2　整理整とんってどうやるの？

ちょっとひといき

大すきなものにかこまれたときの、
心からの笑顔。

かがやく笑顔は、夢をかなえるための
とっておきの魔法だよ。

整理 収納 片づけ 整とん

収納のキーワードは「動線」

使いやすい収納は、自分の行動を知ることからうまれるの。
まずは、あなたが家に帰ってきてから、
どのような動きをしているのかふりかえろう。

🌼 動線ってなに？

ここでいう動線とは、「生活するなかで人がしぜんと通る道（経路）」のことだよ。

LESSON 2 整理整とんってどうやるの？

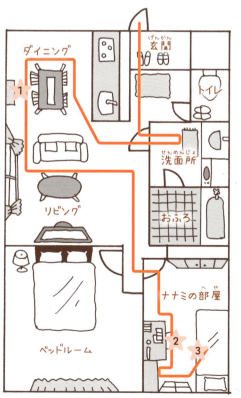

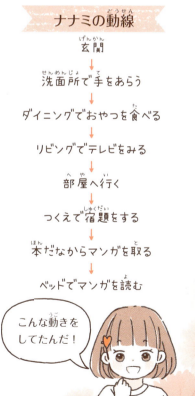

ナナミの動線

玄関
↓
洗面所で手をあらう
↓
ダイニングでおやつを食べる
↓
リビングでテレビをみる
↓
部屋へ行く
↓
つくえで宿題をする
↓
本だなからマンガを取る
↓
ベッドでマンガを読む

こんな動きをしてたんだ！

動線に合った収納については、つぎのページをチェック！

整理 収納 片づけ 整とん 「動線」に合った収納づくり★

動線を意識して収納することで、使いやすさがアップするよ。
41ページのナナミの例をもとに、動線と収納の関係を見てみよう。

🌸 ナナミの動線に合った収納

1 ダイニングでおやつを食べる

部屋に行く前におやつを食べるなら、おうちの人に確認して、ダイニングをランドセルの一時おき場にしてもいいね。

2 つくえで宿題をする

つくえまわりに文房具や勉強関連のアイテムをおいておくと、すぐに宿題をはじめられるよ。

3 本だなからマンガを取ってベッドで読む

お気にいりのマンガをベッドのたなにおいておくと、スムーズに読めるね。しまうときもらくだよ。

グルーピングをしよう♪

グルーピングとは、よくいっしょに使うアイテムどうしをまとめること。少ない動作で使うことができるよ。

えんぴつけずり＋えんぴつ　　レターセット＋シール

「取りだしやすい位置」をマスターしよう

使いやすい収納をつくるときにかかせないのが、「取りだしやすい位置」を知ること。つくえ、クローゼットの例を見てみよう。

つくえ

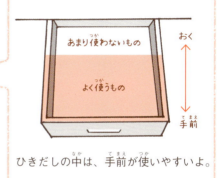

よく使うものは、つくえの上に出しておくのがいちばんらくだよ。ひきだしにしまうときは、手がとどきやすいひきだしによく使うものを入れよう。

ひきだしの中は、手前が使いやすいよ。

クローゼット

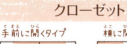

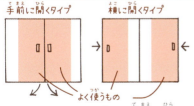

クローゼットは、とびらを手前に開くタイプのものと横に開くタイプのもので、取りだしやすい位置がちがうよ。

洋服などは、取りだしやすい位置にオンシーズンの服を入れると使いやすいね

LESSON 2 整理整とんってどうやるの？

整理 収納 片づけ 整とん タイプ別！おすすめ収納★

18ページの「タイプ別診断★」の結果をもとに、タイプ別におすすめの収納方法を紹介するよ！

大らかタイプは…

ものが多い大らかタイプは、すっきり見えることを意識した収納がおすすめ。収納アイテムを増やしすぎないように気をつけるのもポイント！

こだわりタイプは…

こだわりの強いあなたには、お気にいりのものをたなやつくえの上、かべなどにかざる収納がおすすめ。うまく取りいれて、あなたのこだわりを生かそう！

マイペースタイプは…

ものがどこにあるのかわからなくなる人には、どこに何がしまってあるかがわかりやすい収納がおすすめ。自分の動きに合わせて、持ちはこびできるように収納するのもいいかも！

しっかり者タイプは…

収納上手なしっかり者のあなたは、仕切りなどの収納アイテムをうまく使って、さらに使いやすい自分なりの収納をつくりだしてみよう！

整理 収納 片づけ 整とん

キレイをキープするための仕上げは片づけ、整とん

土台である整理、収納ができたら、片づけと整とんでキレイな状態をキープしよう。めざすは「あたりまえ」にできること。

LESSON 2 整理整とんってどうやるの？

使ったものをもとにもどす

見た目よく整える

「ねる前に歯をみがく」「冷蔵庫のとびらを開けたらしめる」ように、しぜんに片づけや整とんができるようになれば、整理整とん術はマスター♪

整とんしながら整理ができるようになれば、さらにレベルアップ。くわしくは103ページをチェック★

LESSON 3 からはカテゴリーごとに部屋づくりをしていくよ♥

自分好みの部屋をつくろう

テーマを決めると、理想の部屋をイメージしやすくなるよ。
テーマに合う部屋をめざせば、整理整とんがもっと楽しくなるはず♪

◆ あなたがなりたい女の子のタイプは？

自分がなりたいと思うイメージに近い女の子を、A～Dからえらぼう。
あなたにおすすめのテーマがわかるよ。

A

かわいらしく、おしゃれな子

B

大人っぽく、知的な子

C

ふんわりしていて、やさしい子

D

元気で、明るい子

Aをえらんだあなたにおすすめのテーマは………**ガーリー系**
Bをえらんだあなたにおすすめのテーマは………**クール系**
Cをえらんだあなたにおすすめのテーマは………**ナチュラル系**
Dをえらんだあなたにおすすめのテーマは………**ポップ系**

🔶 テーマカラーを決めよう

「理想の部屋」のテーマが決まったら、部屋の色づかいの中心になるテーマカラーを決めよう！　色のもつイメージを参考にしてすきな色をえらんでみてね。

イエロー
・陽気
・あたたかさ

ピンク
・愛
・やさしさ

オレンジ
・活力
・元気

グリーン
・平和
・ナチュラル

パープル
・神秘的
・美

レッド
・情熱
・はなやか

ブラック
・落ちつき
・洗練

ホワイト
・信らい
・清けつ

ブルー
・冷静
・知的

🔶 おすすめ★カラーコーディネート

テーマ別におすすめの組みあわせを紹介。収納アイテムをえらぶときや、インテリアコーディネートをするときに活用してみて♪

ガーリー系におすすめ
〈ピンク×パープル〉の組みあわせは、ゆめかわいくなるよ♥

クール系におすすめ
〈ブルー×ブラック〉の組みあわせは、すっきりして勉強に集中できる部屋に！

ナチュラル系におすすめ
〈グリーン×ホワイト〉の組みあわせで、居心地のいい部屋をつくろう♪

ポップ系におすすめ
〈オレンジ×イエロー〉でとにかく元気に、気持ちも明るくなるよ★

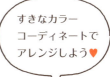

すきなカラーコーディネートでアレンジしよう♥

整理整とん術で
ココロからキレイになる 2

LESSON 2 を終えたあなたは……

🌼 「整理」「収納」「片づけ」「整とん」の
　ちがいとやり方がわかった

🌼 スケジュールを立てた

整理整とん術の知識は、
これから整理整とんをはじめるうえで
かかせないもの。
目をとじて、キレイになった部屋を
イメージしてみて。
スケジュールを決めたときから、
キレイな部屋へのカウントダウンが
はじまっているの。つぎのページから
整理と収納をはじめていこう♪

LESSON 3

カテゴリーごとに
すっきり部屋づくり ①

整理から整とんまでの流れをつかんだら、
じっさいに整理、収納をはじめてみよう！
まずは勉強アイテムからチャレンジ★

整理、収納 Before→After

ナナミの部屋を整理、収納するとどうなるか、
Before → After で見てみよう。

間取りはこんな感じ！

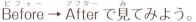

Before

つくえの上にはものが
たくさんのっていて、
勉強するスペースがないよ。

本だなの中にものがぎゅうぎゅうに
つめこまれているよ。

服やランドセルをゆかに
出しっぱなし……。

クローゼットの中には何が入っ
ているのかわからない状態。
衣装ケースの中もごちゃごちゃ
しているよ。

中身がおさまっていなくて、
ひきだしがしまらない……。

服やかばんが山づみ
になっている……。

After

つくえ

お気にいりのぬいぐるみをかざってやる気アップ！

教科書はつくえのたなに立てておき、すぐに勉強ができるようにしたよ。
➡62ページへ

よく使う文房具はペン立てに入れたよ。
➡59ページへ

ペン立てのとなりにはえんぴつけずりをおいてグルーピング。

ランドセルはつくえの横にかけたよ。
➡66ページへ

イスを引かないと開けられないので、文房具のストックなどを収納。
➡61ページへ

開けやすい位置のひきだしには、よく使う文房具を収納。
➡58ページへ

深いひきだしには、ノート、ドリル、プリントを入れたよ。

LESSON 3　カテゴリーごとにすっきり部屋づくり❶

＊ひきだしの中は……

A

文房具のストックやあまり使わないものを収納。

B

A、Bはアイテムごとに仕切りケースに入れて収納。

C

ノートやメモ帳などをすっきりと収納。

D

予備で空にしているひきだし。長期休みのときは宿題を入れるよ。

E

ノート、ドリルはファイルボックスに入れて収納。プリントは２つ穴ファイルにファイリングしたよ。
➡63、65ページへ

本だな

本だなの上には、しゅみアイテムと思い出アイテムをかざったよ。
➡87、93ページへ

A マンガと雑誌は、つくえから遠い位置に収納。

B お気にいりの伝記をならべたよ。

C 辞典や図鑑はイスにすわったまま手がとどく位置に収納。
➡91ページへ

D カゴの中にはしゅみアイテムを収納。
➡87ページへ

E 授業アイテムをまとめて収納。
➡68ページへ

クローゼット

すぐには使わないしゅみアイテムをまとめたよ。
➡87ページへ

※とびらは手前に開くタイプだよ。

衣装ケース

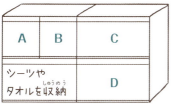

シーツやタオルを収納

＊衣装ケースの中は……

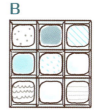

下着やくつ下は仕切りで分けて、ごちゃごちゃ感ゼロに。
➡75ページへ

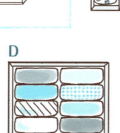

トップスとボトムスは、たたんで立てて収納したよ。
➡73、74ページへ

おしゃれ小物は、えらびやすいようにすっきりと収納。アイテムに合わせてつるす収納とかける収納を使いわけているよ。
➡76ページへ

取りだしやすいように、衣装ケースはクローゼットの中央に配置。
➡取りだしやすい位置については43ページへ

思い出アイテムをまとめたよ。
➡93ページへ

つぎのページから、整理、収納のじっさいのやり方を見てみよう

LESSON 3 カテゴリーごとにすっきり部屋づくり❶

55

整理、収納でさわやかスクールライフ

整理 収納 片づけ 整とん

勉強アイテムを上手に整理、収納することで、時間と心によゆうがうまれてくるはず。スクールライフをさわやかに送ろう。

❋ 勉強アイテムの整理ですっきり

勉強アイテムをすべて出し、必要なものと必要ないものに分けよう。まよったときは手放すポイントを参考にしてね。

文房具

教科書、ノート、ドリル

➡教科書の整理のタイミングは63ページへ

手放すポイント
- まだ使える？
- 使い心地は悪くない？
- 同じようなものをもっていない？

手放すポイント
- また見かえしたい？
- これからも復習する？
- まだかきこめる？

プリント

手放すポイント
- 提出期限はすぎていない？
- また読みかえす？
- 思い出や思い入れがある？

ランドセルの中身

手放すポイント
- 学校で使わないものは入っていない？
- 出しわすれたプリントが入っていない？

授業アイテム

手放すポイント
- 授業で使わないものは入っていない？
- 使えなくなったものはない？
- 空になったものは入っていない？

> 必要なものだけのこってすっきりしたね♪
> 整理が終わったら、つぎは収納だよ★

LESSON 3　カテゴリーごとにすっきり部屋づくり❶

💎 **ハッピーポイント** お気にいりのものや使いやすいもの、必要なものだけをえらびとれば、しぜんと勉強へのモチベーションがアップ。

文房具の収納で勉強がはかどる

ごちゃつきがちな文房具をすっきり収納すると、勉強のやる気がアップ。自分に合った収納をえらんでみよう。

つくえのひきだし① 使う回数別に収納

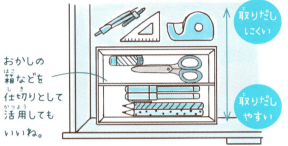

おかしの箱などを仕切りとして活用してもいいね。

重ねて入れると、どこに何があるのかわからなくなるよ。

よく使うものは、ひきだしの手前の取りだしやすい位置に入れよう。出し入れがかんたんになるよ。また、仕切りを使うと一目で全部見わたせて、使いたいものがすぐに取りだせるよ。

つくえのひきだし② 目的別に収納

プラスチックケースなど

どういう収納をしたいのかイメージしてから入れるようにしてね！

「切る」「はる」「かく」など目的別に収納することで、取りだすときにまよわないよ。

しっかり者タイプにおすすめ
仕切りやケースを組みあわせて、スペースにぴったり合う収納をめざそう。

ペン立て① 手がとどきやすい収納

ペン立てにはぎゅうぎゅうにつめこみすぎず、あきをつくるようにしよう。

よく使うものはペン立てに入れて、つくえの上など手に取りやすい場所におくと、すぐに出し入れできてらくだよ。

★ **マイペースタイプにおすすめ**
とびらやひきだしの開けしめがいらないので、しまうのもらくらく♪

ペン立て② グルーピングを使った収納

ものが多くてどこに何があるかわからなくなるわたしにぴったり

メモ帳やふせんをよく使うなら、筆記用具をまとめておくのがおすすめ。

♡ **大らかタイプにおすすめ**
ものが多くても、使いたいものがどこにあるかすぐにわかるよ。

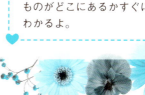

LESSON 3 カテゴリーごとにすっきり部屋づくり❶

フラットホルダー　もちはこびがしやすい収納①

いろいろな場所で勉強をする人にぴったりなのが、使う文房具をグルーピングする収納。フラットホルダーはうすいから、つくえやひきだしにキレイにおさまるよ。

★ マイペースタイプにおすすめ ★
自分の勉強場所に合わせておいておけば、すぐに勉強に取りかかれるよ。

キャリングケース　もちはこびがしやすい収納②

うまくグルーピングして、使いやすく収納してみてね！

塾で使う勉強道具をグルーピング。キャリングケースはしっかりとしたつくりだから、家の外にもちはこぶものの収納に向いているよ。

ペンケース　もちはこびがしやすい収納③

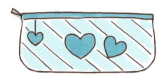

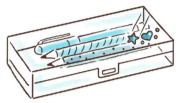

文房具を入れすぎてしまうと出し入れがしづらく、取りだすのに時間がかかるよ。

いろいろな場所で使う文房具は、もちはこびにべんりなペンケースにまとめよう。布製やプラスチック、金属など、いろいろな種類があるので、自分のお気にいりのペンケースを見つけよう。

ステップアップ
色ペンやはさみ、のりなど、たまにしか使わない文房具は、分けてまとめておくといいよ。

LESSON 3　カテゴリーごとにすっきり部屋づくり❶

ストックはまとめよう

「必要なもの、使うもののたくわえ」のことをストックとよぶよ。ストックはひとまとめにして、すぐに出せるようにしよう。

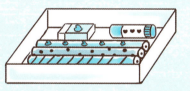

ステップアップ
ストックはアイテム別に収納しておくと、何がどのくらいへったのかが一目でわかるよ！

大らかタイプへのアドバイス
ストックのスペースを決めて、「そこに入るだけ」しかもたないようにしよう。

 ハッピーポイント　毎日使う文房具。使いやすい収納を考えることで、ものを大切にする気持ちがうまれてくるよ。

教科書、ノート、ドリルの収納で勉強に集中する

勉強のマストアイテムの教科書、ノート、ドリルを使いやすく収納しよう。あなたの勉強スタイルに合った収納をえらんでね。

つくえのたな　よく使うものを収納

横向きにつむと、取りだしにくいし、くずれやすいよ。

よく使う教科書やノート、ドリルや辞典はつくえのたなに収納しよう。すぐ手に取って勉強できるようにすることが大事。

ステップアップ

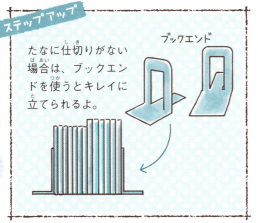

たなに仕切りがない場合は、ブックエンドを使うとキレイに立てられるよ。

とってもべんりなの！

ファイルボックス　もちはこびがしやすい収納

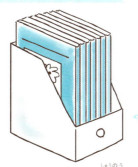
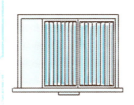
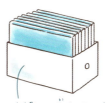

ファイルボックスに収納すると、そのままつくえの上や本だななど、すきなところにおけるよ。教科ごとにまとめて入れてね。

ファイルボックスのまま深いひきだしに入れることもできるよ。

ひきだしに入れるときは背が高くないファイルボックスを使おう。

カゴ　動線に合う収納

ランドセルおき場の近くに、教科書とノートを教科ごとにまとめたカゴをおくと準備がスムーズだよ。

ブックエンドを入れて、たおれないようにしよう。

マイペースタイプにおすすめ

自分の動きに合っているので、あわてることなく、つぎの日の準備ができるよ。

教科書の整理のタイミングって？

教科書や使いおわったノート、ドリルは「学年の終わり」など時期を決めて整理しよう。すぐに手放す必要はないよ。おうちの人とも相談してね。

LESSON 3　カテゴリーごとにすっきり部屋づくり❶

💎 **ハッピーポイント** すっきりキレイなつくえの上に、大すきなものや大切なものがある環境をつくろう。苦手な勉強もやる気になっちゃう★

プリントの収納で大切な情報をわすれない

毎日増えていくプリント。ごちゃごちゃしてこまったことはない？
わかりやすく収納することで、わすれものゼロに！

クリアファイル　目的別に収納①

「提出用」「算数用」など目的別にクリアファイルを用意して収納すると、提出しわすれず、必要なときにすぐに取りだせるよ。ラベリング（➡88ページへ）しておくとわかりやすい！

ひとつのファイルにプリントをぎゅうぎゅうにつめると、さがしづらいし、取りだしにくいよ。

ファイルボックス　目的別に収納②

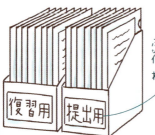

ふせんやメモ用紙に何のプリントかかいてはるとわかりやすいよ。

分けておけばプリントが見つけやすいね！

クリアファイルの数が多くなったときは、種類ごとに分けてファイルボックスに入れよう。ざくざく入れるだけだからかんたんだよ。

2つ穴ファイルやポケットファイル　とっておく収納

作文やテストなど、とっておきたいプリントは、2つ穴ファイルやポケットファイルに入れる収納だと見かえしやすいよ。

トレイ　目だつ収納

提出するプリントや宿題などは、トレイに入れて目につくところに出しておくと、わすれにくいよ。

LESSON 3　カテゴリーごとにすっきり部屋づくり ❶

プリントはためこまない！

プリントって、どんどん増えていくよね。もらったらその日のうちに整理、収納する習慣をつけよう。

①おうちの人向けのプリントは、帰宅したらすぐにわたすようにしよう。プリント用のクリアファイルをランドセルに入れておくといいよ。

②提出するもの、とっておきたいもの、一度読んだらいらないものに分けてそれぞれの場所に収納しよう。ためこまないで、もらった日に整理することを習慣化しよう。

提出するもの　　とっておきたいもの　　いらないもの

💎 **ハッピーポイント** どんなプリントも、だれかがあなたを思ってつくってくれたもの。それを思うと、整理や収納にも身が入るね。

ランドセルの収納で心によゆうを

かぎられた休み時間、授業の準備に時間をとられるのはもったいない！
ランドセルがすっきりすると、時間にも心にもよゆうができるよ。

自分なりのもちものリストをつくろう

まずは、あなたが「学校に行くときに必要だ」と思うものをリストにしてみよう。もちものは多くなりすぎないようにね！メモ帳などにリストアップすれば、入れわすれがなくなるよ。

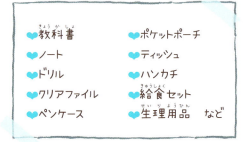

- 教科書
- ノート
- ドリル
- クリアファイル
- ペンケース
- ポケットポーチ
- ティッシュ
- ハンカチ
- 給食セット
- 生理用品　など

ランドセルのおき場所

ランドセルのおき場所は決まっているかな？
つくえの横やカラーボックスなど、かならず
「定位置（ものをおく決まった場所のこと）」
をつくろう。自分の動線を考えて、玄関やリ
ビングにおき場所をつくるのもいいね。

ランドセル

近くに教科書、ノートを収納すると準備がらくだよ。

動線の話は
41ページに
出てきたね！

ランドセルの中身

休み時間中に、あわてずにものの出し入れができるように収納しよう。

クリアファイルに、もらったプリントを入れよう。
→ 65ページへ

1時間目から6時間目まで順番になるように入れよう。

6時間目

1時間目

文房具をペンケースに入れてすっきりまとめよう。
→ 61ページへ

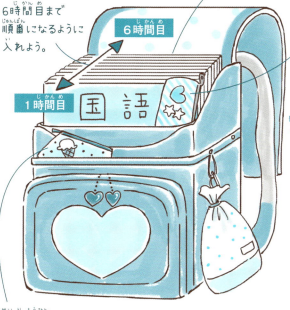

ステップアップ

教科書を入れるときは、ノートとセットにして時間割の順に入れるよ。そのまま取りだして学校のつくえに入れれば、授業の準備は完了！

生理用品をポーチに入れて収納。

「使うとき」のことを意識して収納してみてね

ハンカチやティッシュ、ばんそうこうやリップなどは、ポケットポーチに入れてまとめてもいいね。

LESSON 3 カテゴリーごとにすっきり部屋づくり ❶

💎 **ハッピーポイント** つぎの日の授業をイメージしながら準備をすることで、よゆうをもって授業にのぞめるよ。

67

授業アイテムの収納で授業をスマートに受けよう

図工や書写、音楽などの時間に使う授業アイテムは、つぎに使うときにすぐに使える収納をすることが大切だよ。

書写セット・絵の具セット

セットの中は、それぞれの道具の収納位置が決まっているはず。使ったらその収納位置にもどそう。

楽器

鍵盤ハーモニカやリコーダーは、キレイな布などでふいて専用のケースにしまおう。

楽譜と楽器をいっしょに袋に入れて、「音楽セット」としてまとめてもいいね♪

おき場所を決めよう

学校からもちかえってきたとき、家におく場所がないとちらかる原因に。ふだん学校においてあるものにも、もちかえったときのために定位置をつくろう。

ポイント

使ったあとにキレイに収納すれば、足りないものや使えないものがすぐにわかるよ。新しく買うものは早めにおうちの人に言おう。

 使ったあとの整理整とんは、ものだけでなく、心も「つぎ」に向かわせてくれるはず。つねに前向きな気持ちでいよう♪

ちょっとひといき

つらいとき、苦しくなったとき、
無理をしなくていいよ。

自分のペースでのりこえたら、
今より自分をすきになっているはず。

整理 収納 片づけ 整とん おしゃれが楽しくなる整理、収納

勉強アイテムの整理、収納が終わったら、
つぎはおしゃれアイテム！
大すきなものだけをえらびとって、
おしゃれ美人をめざそう。

❋ おしゃれアイテムの整理ですっきり

まずは、服や小物、アクセサリーなどのおしゃれアイテムをすべて出し、必要なものと必要ないものに分けよう。

手放すポイント
- ♥ 着心地はどう？
- ♥ サイズは合っている？
- ♥ シミやよごれはない？
- ♥ コーディネートに取りいれたい？

こだわりタイプへのアドバイス
今着ていない服や使っていない小物などを手放せないときは、一度コーディネートしてみて。「この服ででかけたい」と思わなければ着てくれる人にゆずるのもいいかも（➡ 37ページへ）。

これではでかけたくないかな

おしゃれアイテムの収納の準備

収納をはじめる前の準備をしよう。

季節ごとに分けよう

コーディネートを楽しくするには、季節に合った服をすぐに取りだせることが大切。まずは季節ごとにファッションアイテムを分けてみよう。

「これは夏服……」

今シーズンに着ない服は、つぎに使うシーズンが来たときにまた見なおそう。

NG! どんなにかわいい服でも、季節に合った服装をしていないとおしゃれ感がなくなっちゃうよ。

アイテムごとに分けよう

トップス

ボトムス

下着、くつ下

「分けていくことで、自分がもっている服がすぐわかるね！」

トップス（アウターやワンピースをふくむ）、ボトムス、下着、くつ下など、アイテムごとに分けてみよう。

💎 **ハッピーポイント** 自分ににあうアイテムやお気にいりのアイテムだけにかこまれると、おしゃれの時間がよりハッピーに！

LESSON 3 カテゴリーごとにすっきり部屋づくり ①

🌸 トップスの収納でおしゃれ上手に

Tシャツ、カーディガン、トレーナー、セーター、ワンピース、アウターなど、コーディネートの主役になるトップスを収納していこう。

ハンガー　　かける収納

コートやシャツ、ワンピースなど、しわになりやすい洋服はハンガーにかける収納がおすすめ。

シャツはしわをのばしてから、Tシャツはハンガーに肩を合わせてかけよう。

NG!

💙 **大らかタイプにおすすめ**
かけるだけだから、たたむ手間がはぶけてらくだね。

クローゼットのしまい方も大切！

クローゼットにかけて収納するときは、学校用と休日用に分けてかけると使いやすいよ。ドレスやスキーウエア、ゆかたなど、あまり着ない服も場所を決めておくと必要なときにすぐ取りだせるよ。

あまり着ない服　　休日用　　学校用

ひきだし　たたむ収納

ひきだしには同じたたみ方でたたんで入れると、たくさん入ってスペースの節約になるよ。Tシャツなどの収納におすすめ。

しっかり者タイプにおすすめ
ブックエンドなどを仕切りに使うと、よりキレイに収納できるよ。

ブックエンド

「輪」が上にくるように立てて入れよう。

NG!
上に服を重ねていく収納にすると、アイテムが見えなくてえらびづらいよ。

このたたみ方をマスターすれば、収納しやすくなるんだね

たたみ方
「輪」をつくるようにたたむと、出し入れがしやすく、見た目もよく収納できるよ。

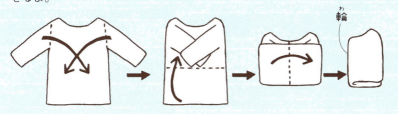

輪

LESSON 3　カテゴリーごとにすっきり部屋づくり①

💎 **ハッピーポイント** コーディネートの主役になるトップス。えらびやすくすれば、コーディネートを考えるのがもっと楽しくなるよ。

ボトムスの収納で全身美しく

トップスの収納が終わったら、今度はズボンやスカートなどのボトムスも、同じように収納していこう。

ハンガー　かける収納

スカートなどのボトムスは、ボトムス専用ハンガーにかけて収納すると、しわにならずにすっきり収納できるよ。

はさむタイプの
ハンガーが
おすすめ！

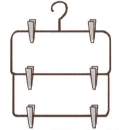

大らかタイプにおすすめ

もっている枚数が多い場合は、3段のハンガーを使うとべんりだよ。

ひきだし　たたむ収納

たたんで立てて収納すれば、取りだしやすいよ。ズボンの収納におすすめ。

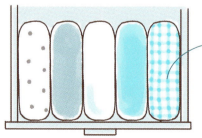

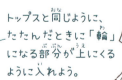

「輪」を
つくるように
たたんでみて

トップスと同じように、たたんだときに「輪」になる部分が上にくるように入れよう。

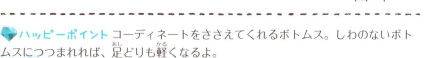

💎 **ハッピーポイント** コーディネートをささえてくれるボトムス。しわのないボトムスにつつまれれば、足どりも軽くなるよ。

下着、くつ下の収納でおしゃれレベルアップ

おしゃれ上級者は、下着やくつ下の収納も手をぬかないよ。

ひきだし　たたむ収納

下着やくつ下は小さくたたんでひきだしに入れると、出し入れがスムーズだよ。

ティッシュペーパーの空き箱などを仕切りに使ってもべんりだよ。

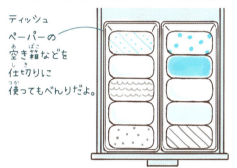

しっかり者タイプへのアドバイス

仕切りを使って一つひとつ収納すると、さらにすっきり感アップ！

たたみ方　パンツ、くつ下におすすめのたたみ方だよ。

パンツ

左右をおり、Ⓐをウエストのゴムの部分にはさみこみ、丸くするよ。

くつ下

左右1組を重ね、はき口につま先部分を入れてたたむよ。

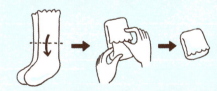

💎 **ハッピーポイント**　下着も、自分をつつんでくれる大切なおしゃれアイテム。その日の気分に合わせてえらんでみよう。

LESSON 3　カテゴリーごとにすっきり部屋づくり❶

おしゃれ小物をキュートに収納

おしゃれ小物の収納で、クローゼットをお店みたいに変身させてみよう。

つるす収納

つるせる収納ラックにぼうしやかばんを1段ずつ収納。

> **こだわりタイプにおすすめ**
> お気にいりのアイテムの型くずれをふせげるよ。

かける収納

S字フックにベルトやかばんをかけて収納。

> **大らかタイプへのアドバイス**
> ひとつのフックにかけるものを、多くても2つまでにすると、からまらないし、出し入れしやすいよ。

おく収納

大きめのカゴにかばんを入れて収納しよう。

> **マイペースタイプにおすすめ**
> しまう場所がすぐにわかるし、お気にいりのカゴに入れれば、見た目もかわいいよ。

♦ **ハッピーポイント** クローゼットのとびらを開くと目にとびこんでくる、お気にいりのおしゃれ小物。毎日のコーディネートの時間がしあわせにつつまれるよ。

76

アクセサリーをディスプレー風に収納

キラキラとした大すきなアクセサリーは、見せる収納にするのもおすすめ。見ているだけでうっとりしちゃう。

かざる収納
ふたが透明なジュエリーボックスにならべれば、いつでもながめられるよ。

こだわりタイプにおすすめ
お気にいりのアクセサリーを一つひとつ収納してみよう。

かける収納
コルクボードにプッシュピンをさして、アクセサリーを引っかけよう。

大らかタイプにおすすめ
たくさんあるアクセサリーもからまりにくいよ。

ひきだし収納
アクセサリーをアイテムごとに分けて、ひきだしに収納。

しっかり者タイプにおすすめ
仕切りを使えばごちゃつかずに収納できるよ。

おく収納
時計やメガネ、アクセサリーをトレイや小皿にならべよう。

マイペースタイプにおすすめ
出し入れがかんたんで、わすれもの防止にもなるよ。

💎 **ハッピーポイント** 目に入るとハッピーになれる大切なアクセサリー。キラキラのアクセサリーを身につけて、毎日をもっとかがやかせよう。

LESSON 3　カテゴリーごとにすっきり部屋づくり❶

ビューティアイテムの収納でさらに美しく

ごちゃつきがちなメークアイテムやスキンケアグッズなどは、まとめておいておこう。

トレイ いっしょに使うものをグルーピングしてトレイにおけば、使いやすいよ。

ポーチ もちはこびがしやすいし、すっきりまとまるよ。

> **大らかタイプにおすすめ**
> 「トレイやポーチにしまえる量だけ」もつように心がければ、ものが増えすぎないよ。

くつの収納で、おでかけが楽しくなる

1年を通すと意外にたくさんあるのがくつ。使う回数や高さで収納場所を決めてみよう。

くつは高さ別に収納するとむだなスペースなく収納できるよ。

ブーツは、ブーツキーパーを入れるとへたらないよ。

> **しっかり者タイプにおすすめ**
> シーズンオフのくつはシューズケースに入れておくと重ねて収納できるし、ホコリがつかないよ。
>
>
>
> ラベリング（→88ページ）でわかりやすくしよう！

💎 **ハッピーポイント** キレイなくつは、あなたをすてきな場所へとつれていってくれるよ。いつでもおでかけできるよう、キレイにしておこう。

おしゃれアイテムのケア★

おしゃれアイテムをしっかりケアすることで、
大切な洋服やくつを長くキレイに使うことができるよ。

洋服のケア

家で洗たくするのが
むずかしい服を
よごしてしまったときは、
おうちの人に
すぐつたえよう！

セーターやコートなど、家で洗たくするのがむずかしい服を着たときは、すぐにしまわず、日かげでほしてからしまおう。また、シーズンが終わったらクリーニングに出そう。

しっかり者タイプへのアドバイス
着たあとに、洋服ブラシでブラッシングすると、ホコリや糸くずが取れるよ。

くつのケア

1日はいたくつはすぐにしまわずに、玄関や外に出してかわかそう。雨でぬれたときは、新聞紙を丸めて入れて、風とおしのいい場所でかげぼししよう。

除湿・防虫

クローゼットやチェスト、シューズボックスの中は湿気がたまりやすく、虫も出やすいよ。除湿剤や防虫剤などを使って対策しよう。

整理整とん術で
ココロからキレイになる
3

LESSON 3 を終えたあなたは……

* 勉強アイテムの整理、収納ができた
* おしゃれアイテムの整理、収納ができた

毎日使う文房具や教科書、洋服、小物。
キレイに使いやすく収納できれば、
おしゃれの時間はもちろん、
勉強の時間まで楽しくなってこない？
「何だか前よりちょっと楽しい♪」
そんなふうに感じたら、整理整とん術が
身につきはじめたのかも。
さあ、ほかのアイテムもどんどん
整理整とんしていこう★

LESSON 4

カテゴリーごとに すっきり 部屋づくり❷

勉強アイテムやおしゃれアイテムの整理、収納のつぎは、
のこりのカテゴリーにも挑戦！
さらにすっきりした部屋をめざそう！

整理 収納 片づけ 整とん

習い事アイテムで放課後をもっと楽しく

習い事アイテムを
取りだしやすく
整理、収納することで、
放課後、帰りがおそくなっても
心によゆうをもって
習い事に向かえるよ♪
いそがしい放課後タイムを、
整理、収納で充実させよう。

習い事アイテムの整理ですっきり

まずは、習い事アイテムをすべて出し、必要なものと必要ないものに分けよう。

手放すポイント

- 習い事に必要？
- 今使っている？
- 着心地や使い心地は悪くない？

大らかタイプへのアドバイス

テキストやプリント、楽譜などはたまりすぎないように定期的に見なおそう。

習い事アイテムをコンパクトに収納

「たなに入れるとすっきりするね」

習い事アイテムは、習い事別にかばんやボックスにセットしておくとすぐに取りだせてべんりだよ。セットのおき場所も決めておこう。お気にいりのかばんをえらべば、習い事に向かうのがもっと楽しくなるかも。

LESSON 4　カテゴリーごとにすっきり部屋づくり②

かばん
もちはこぶものの収納
レッスン着やくつ、タオルやヘアゴムなどは、習い事にもっていくかばんにまとめておこう。

ボックス
家で使うものの収納
テキストやノート、筆記用具などはまとめてボックスへ。家で使うときもスムーズに出し入れできるよ！

♦ **ハッピーポイント**　学校とはちがう場所や先生、友だち。気持ちを切りかえて習い事に集中するために、時間と心のよゆうを大切にしよう。

しゅみアイテムで自分の時間をハッピーに

整理 / 収納 / 片づけ / 整とん

部屋にはしゅみのアイテムがたくさん！
しゅみアイテムは「すきなもの」が
多いから整理の難易度は高いけれど、
勉強としゅみをしっかり切りかえることが
デキる女の子への大きな一歩だよ！

🌸 しゅみアイテムの整理ですっきり

まずは、しゅみアイテムをすべて出し、
必要なものと必要ないものに分けよう。

> 整理ができたら
> しゅみごとに
> グルーピングしよう

手放すポイント
- 今使っている？
- にたようなものをもっていない？
- こわれていない？

こだわりタイプへのアドバイス
「今」は使っていないけれど、取っておきたいものは、「思い出アイテム」（→ 92 ページへ）になるよ。

しゅみアイテムの収納で生活にメリハリをつける

しゅみアイテムは、それぞれに合った収納方法をえらんでしまっていこう。

ケース　細かいものの収納

プラスチックケースなど

レターセットやシール、ビーズなどの細かいものは、ケースに入れて収納しよう。

たな　見せる収納

ドールハウスなど、見せてかわいいものは、たななどにかざっておこう。
（→くわしくは94ページへ）

こだわりタイプにおすすめ
ずっと見ていたいようなお気にいりアイテムは、部屋のインテリアに使おう。

ボックス　大きなものの収納

ジグソーパズルやきせかえ人形などの場所をとるものは、ボックスに入れてそのままクローゼットなどに収納しよう。使うときにボックスごと出し入れできてらくだよ。

ステップアップ
箱に入っているおもちゃなどは、箱から出してジップつき袋に入れると、コンパクトに収納できるよ。

LESSON 4　カテゴリーごとにすっきり部屋づくり❷

💎 **ハッピーポイント** 出し入れしやすく収納すれば、しゅみの時間がもっと楽しくなるよ。片づけもスムーズになるね♪

ラベリングにチャレンジ★

グルーピングができたら、それぞれのグループにラベルをつけて、「ラベリング」をしよう。今必要なものをすぐにさがしだせるようになるよ。

◆ ラベリングって？

収納場所に何が入っているかわかるようにするために、ラベルシールなどをはっておくことを「ラベリング」というよ。「せっかく収納をしても、どこに何が入っているかわからなくなる」という人におすすめ♪ ラベルシールをかわいく工夫すれば、部屋もはなやかになって、片づけがもっと楽しくなるよ★

◆ ラベリングをしてみよう♪

ラベルシールに、収納しているアイテムの内容をかこう。イラストやシールでアレンジしてもかわいいね！ ラベルシールのかわりに、マスキングテープを使うのもおすすめだよ。

家具などにラベルシールをはるときは、勝手にはってはだめだよ。かならずおうちの人に許可をもらってからはろう。

◆ こんなふうにラベリングしよう！

ひきだし

ラベリングをすると、どこに何を しまうのかが一目でわかるよ。ほ かの家族にもわかりやすいね。

クリアファイル

ファイルボックスに 入れる場合は、 はじにラベリング するのもおすすめ。

クリアファイルに入れたプリント の種類や教科名をラベリング。か わいい形のシールを使えば、勉強 アイテムもかわいくなるよ。友だ ちにもじまんしちゃおう★

楽しく ラベリングして、 もっと整理整とん 上手になろう！

ファイルボックス

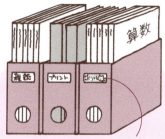

イラストで かわいく♥

同じ形のファイルボックスに、何 が入っているかすぐにわかるよう にラベリング。見た目がキレイだ し、さがす手間がはぶけるね！

ファイル

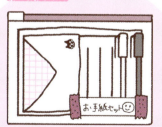

グルーピングしたファイルには、 何のセットかラベリングしておく とさらに使いやすくなるよ。自分 なりのラベリングをしてみよう★

整理 収納 片づけ 整とん

読書タイムをもっと楽しく

本は意外といろいろな種類があってごちゃごちゃしがち。
キレイにならべてあると、読みたい本がすぐにさがせて、読書タイムがもっと楽しくなるよ。

🌸 本、雑誌の整理ですっきり

まずは、すべての本や雑誌を出し、必要なものと必要ないものに分けよう。

手放すポイント
- ♥ もう一度読みたい？
- ♥ 古い情報じゃない？
- ♥ 今の自分に必要？

ステップアップ

本を本だなにもどすときに、きき手側にもどすようにしよう。これをくりかえすと、あまり読まない本はしぜんに反対側によせられるよ。

右ききの場合　　読んだ本は右側にもどす

← あまり読まない本　　よく読む本 →

本、雑誌をえらびやすく収納

自分の読書スタイルに合わせて収納をえらぼう。

ファイルボックス
たおれやすい本の収納

気にいったページだけ切りとってファイリングするのも good！

雑誌などのたおれやすいものはファイルボックスに立てて収納するのがおすすめ。

ラック
読みかけの本の収納

読みかけの本はラックに入れてざっくりと収納しよう。

> ★ マイペースタイプにおすすめ ★
> よく読書をする場所にラックごと移動させるとべんりだよ。

本だな　えらびやすい収納

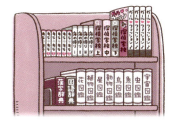

本だなに収納するときは、ジャンル別や本の高さ別にならべよう。つくえから手がとどきやすい位置には、勉強するときによく使う辞典や図鑑などをおくのがおすすめ。

NG！

本の高さをそろえずに収納すると、見た目が悪く、さがしにくいよ。

💎 **ハッピーポイント** 本はいつでもあなたの味方。読みたい本をすぐにえらべるようになれば、毎日がもっと充実するね♪

LESSON 4　カテゴリーごとにすっきり部屋づくり ❷

整理 収納 片づけ 整とん 思い出アイテムでココロからゆたかになる

あなたにとって大切な思い出たち。
家族からもらったもの、
友だちからもらったもの、
いろいろな思い出があるね。
大切なものだから
上手に整理、収納して、
いつでも見かえせるように
しておこう。

❀ 思い出アイテムの整理ですっきり

まずは、一つひとつの思い出と向きあってみよう。思い出のものはあわてて手放さなくても大丈夫。時間とともに「心の保管箱」に移動しようと思える日がくるよ。

大らかタイプへのアドバイス

「とりあえず」「なんとなく」思い出アイテムにカテゴリー分けしたものはない？　思い入れのないものは、思いきって手放そう。

こだわりタイプへのアドバイス

なやんで整理に時間がかかってしまうときは、「1日15分まで」と時間を決めて取りくむとやりやすいよ。

思い出に合った収納をつくろう

大切な思い出アイテムには、どんな収納が向いているのかな。
大きく分けて、3通りの収納方法があるよ。

★ 1 しまう収納　　★ 2 かざる収納　　★ 3 写真におさめる

LESSON 4 カテゴリーごとにすっきり部屋づくり②

細かいものは、ひきだしにしまったり、思い出ボックスをつくって収納するのがおすすめ。ほこりもつかないし、色あせずに思い出をのこしておけるよ。

大事なプレゼントや思い出の品など見て楽しいものは、かざって見せる収納をしてみよう。目に入るたびにハッピーな気持ちになるね。

作品は写真にとって、学年別や授業別にまとめると、かさばらずに、スリムな収納ができるよ。世界にひとつの作品集をつくってみよう。

おすすめアイテム例
手紙や交換ノート、絵やおしゃれアイテムなど

おすすめアイテム例
プレゼントや写真、雑貨など

おすすめアイテム例
学校の授業でつくった工作や絵、書き初めなど

💎 **ハッピーポイント** すてきな思い出は、心をゆたかにしてくれるもの。思い出と向きあったあとは、しぜんと心があたたかくなるはず。

93

column

見せる収納、かくす収納

収納のしかたには、大きく分けて2種類あるよ。
アイテムやシーンに合わせてすきな収納方法をえらんでみよう♪

♦ 見せる収納って？

お気にいりのアイテムにかこまれてすごすには「見せる収納」がおすすめ。アクセサリーやお気にいりの人形などを、しまわずにあえて見える場所にかざるのもおしゃれ！ 自分のセンスでオリジナルの見せる収納をつくってみよう★

こんなときにおすすめ
♥部屋をキュートに見せたい
♥お気にいりのものにかこまれてすごしたい
♥おしゃれなインテリアにしたい

♦ かくす収納って？

広びろとした部屋ですっきりとすごすには、「かくす収納」がおすすめ。クローゼットやベッドの下など、見えないところにものを収納することで、スペースが広く感じられるよ。

つめこむ・おしこむ収納ではないから注意してね

こんなときにおすすめ
♥部屋をすっきり見せたい
♥なるべく部屋を広く見せたい

このままベッドの下に収納するよ♥

🔷 インテリアにお役だち★見せる収納例

アクセサリースタンドでプリンセス気分に♥

お気にいりのアクセサリーは、アクセサリースタンドにかざるのもりっぱな見せる収納のテクニック。アクセサリーがよりかがやいて見えるね。

お気にいりのアイテムをウォールポケットで見せる！

お気にいりの写真やポストカードは、ウォールポケットに入れてかべにかけるとおしゃれ。小さな人形やキーホルダーを入れてもいいね。

お店のディスプレー風に★

おしゃれな表紙の本やお気にいりのぼうしなどは、たなやチェストの上に立てかけておこう。部屋の印象がはなやかになるよ。ものをおきすぎないのがコツ。

整理整とん術で
ココロからキレイになる
4

LESSON4 を終えたあなたは……

🌸 習い事アイテムの整理、
収納ができた

🌸 しゅみアイテムの整理、収納ができた

🌸 本や雑誌の整理、収納ができた

🌸 思い出アイテムの整理、収納ができた

いろいろなアイテムの整理、収納が
終わったあとは、とっても
すがすがしい気持ちになっているはず。
あなたが夢に向かって
努力したあかしだよ！
今日は、たくさん自分をほめてあげよう♪

LESSON 5
キレイな部屋をキープしよう

整理、収納をマスターしたあとは、
キレイをキープするための片づけと整とんを学んでいこう。
理想の部屋まであと一歩！

片づけで部屋もココロも美しく

整理 収納 片づけ 整とん

日ごろからしぜんに片づけができれば、
キレイな部屋がキープできるよ。
毎日の片づけタイムを決めて、
出したものをしまう習慣をつけよう。

🌼 片づけのタイミング

片づけるタイミングは人それぞれ。「ものを使ったらすぐ」「ご飯を食べたあと」「ねる前」など、自分に合ったタイミングを見つけて片づけよう。

★ **マイペースタイプへのアドバイス**
いろいろなタイミングでためして、片づけタイムを決めよう。 ★

🌼 片づけながら収納を見なおす

これは ハンガーに かけたほうが いいかも

片づけをしながら、「使いにくい」と思った収納を見なおせば、だんだん自分に合った収納に近づいていくよ。

 ハッピーポイント 片づいた部屋で1日を終えると、つぎの日の朝はさわやかに目ざめられそう♪

| 整理 | 収納 |
| 片づけ | 整とん |

整とんでキレイがつづく

片づけおわった部屋は「整とん」することで
キレイをたもつことができるよ。
今まで学んだ整理整とん術をふりかえって、
仕上げをしていこう♥

LESSON 5 キレイな部屋をキープしよう

🌼 部屋を整えよう

あらためて家具や収納スペースを見てみよう。ずれていたり、ものがとびだしたりしていない？ 気づいたときに、キレイな状態に整えることが大切！

🌼 整理のタイミングが見えてくる！

毎日整とんしていると、本だなに本が入らなくなったり、服が収納ケースにおさまらなくなったりするのに気づくはず。気づいたときに整理をするようにしよう。

大らかタイプへのアドバイス
整とんしながら整理をする習慣をつければ、ものが増えすぎないよ。

🏷️ **ハッピーポイント** 仕上げの整とんでさらにキレイのレベルがアップ。部屋にも自分にも、さらに自信がもてるはず！

部屋のそうじでもっとすっきり★

整理、収納、片づけ、
整とんができたら
部屋のそうじをしてみよう。
ついでの「ちょこっとそうじ」、
時間があるときの「きちんとそうじ」で、
清けつ感をキープ♪

✿ ついでの「ちょこっとそうじ」

ふだんから部屋がよごれないようにする習慣をつけよう。

ごみを拾う

ごみに気がついたら、「あとですてればいいや」と思わずに、その場でさっとすててしまおう。

よごれをふく

小さな食べかすや水てきなども、見つけたらすぐにふくクセをつけよう。

キレイに使えばらくちん

何かを食べるときや作業するときは、部屋や家具がよごれないように注意して使うよう心がけよう。ランチョンマットや紙などを下にしくのがおすすめ。

> **♡ しっかり者タイプへのアドバイス**
> 自分がつけたよごれ以外もキレイにするクセをつけよう。毎日さわやかな気分ですごせるよ。

時間があるときの「きちんとそうじ」

さらにキレイな部屋づくりをするために、時間があるときには「きちんとそうじ」にもチャレンジしてみよう。

ステップ1 まどを開ける

そうじをすると空気がよごれるので、そうじをはじめる前に、まどを開けておこう。

ステップ2 ほこりを落とす

「上から下へ」がきほんだよ。

ハンディモップやはたきなどで部屋のほこりを落とそう。

ステップ3 そうじ機をかける

ジグザグかけるとごみがよく取れるよ！

ほこりを落としたら、部屋全体にそうじ機をかけよう。

ステップ4 ふきそうじ

コの字にふくとふきのこしがないよ。

最後に、ぞうきんでつくえやたなの上をふいてね。時間があるときはまどやゆかなどもふくと、さらにすっきり！

💎 **ハッピーポイント** ものや部屋に「ありがとう」の気持ちをこめてそうじをしよう。部屋のよごれを落とすと、自分の心も軽やかに♪

LESSON 5 キレイな部屋をキープしよう

お気にいりの空間をつくろう♥

部屋がキレイになったら、
もっとくつろげる空間にしてみよう。
ちょっとの工夫で
とってもかわいい部屋になるよ。

🌼 おすすめインテリアアイデア

部屋の印象ががらりと変わる、かんたんアイデアを紹介するよ。

カフェカーテンでイメチェン

カフェカーテンでたなの中をかくすと、部屋がすっきり見えるよ。つっぱりぼうをたなにつけてクリップで布をとめればできあがり。

しっかり者タイプへのアドバイス
色づかいを意識して、統一感のあるコーディネートをめざそう。

空きスペースを活用！

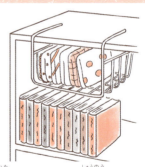

たな板にさしこんで収納スペースを増やせるハンギングラックを使えば、空いていたスペースが小物をしまえるたなに大変身!!

大らかタイプへのアドバイス
収納スペースが増えるので、ものが多い人向きの収納だよ。

かべをデコって楽しく!

かべにお気にいりのものをはってかざってみよう。部屋のおしゃれ度がアップするよ!

こだわりタイプにおすすめ
いつも目に入るところに、とっておきのアイテムをかざろう。

ポスターは1枚でインパクトがあるインテリアに。目だつ場所にはろう。

写真やポストカードを、マスキングテープを使って何枚かざると楽しげな印象に。

部屋のイメージをがらりと変えるなら、ウォールステッカーがおすすめ。

NG!
かべに何かをはる場合は、勝手にはらず、おうちの人に確認してからにしてね。

LESSON 5　キレイな部屋をキープしよう

植物をかざっていやし度アップ!

部屋に植物をかざると、リラックス効果が高まるよ! インテリアに合わせてえらんでみよう。

サボテンはかれにくいので、植物を育てたことがない人にもぴったり。

造花などをかざるのもいいね。季節に合わせて変えると、季節感も楽しめるよ。

💎 **ハッピーポイント** お気にいりのものにかこまれてリラックスできれば、毎日元気にすごせるね。

リメークでもっと居心地のいい部屋に

長く使っている家具や小物でも、リメイクすればふんいきをがらりと変えられるよ。自分のセンスでチャレンジしてみよう。

47ページのテーマカラーも参考にしてみてね！

🌼 カラーボックスをリメーク

とことんラブリーに♥

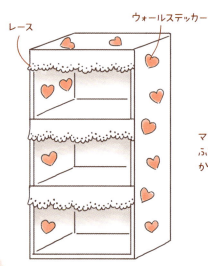

- レース
- ウォールステッカー

カラーボックスのふちに両面テープでレースをはったり、内側や外側にウォールステッカーをはったりしてデコろう。

ミニクローゼット風に！

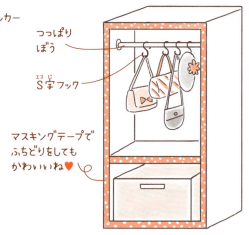

- つっぱりぼう
- S字フック

マスキングテープでふちどりをしてもかわいいね♥

カラーボックスのたな板をはずして、つっぱりぼうとS字フックをつるせば、かばんやぼうしをかけられるよ。カラーボックスがおしゃれなミニクローゼットに大変身！

※つっぱりぼうは何kgまでたえられるものなのか確認してね。

🌼 つくえをリメーク

まるでキラキラドレッサー

つくえのひきだしにシールやストーンシールをはって、ドレッサーのようにリメークしてみよう。デスクマットに雑誌の切りぬきやポストカードをはさむのもおしゃれだよ。

◆ **こだわりタイプにおすすめ**
自分でテーマを決めて、オリジナルのつくえにしてみよう。はじめにイメージを絵にかいておくと、リメークがうまくいきやすいよ。

LESSON 5 キレイな部屋をキープしよう

🌼 スイッチカバーをリメーク

部屋のワンポイントに★

マスキングテープやシールでデコると、使うたびにテンションが上がるよ。

🌼 時計をリメーク

時間を見るのが楽しい♥

時計のまわりを造花でふちどれば、とってもガーリーな印象になるよ。

💎 **ハッピーポイント** 自分なりに考え、工夫してつくりあげた部屋は、ほかのどこにもない、あなただけの特別な空間だよ♥

ちょっとひといき

キレイになった部屋の
かがみにうつるのは、
キラキラしたひとみ。
これから、どんなすてきなことが
待っているのかな。

ちょこっと風水で
すてきな部屋づくり♥

部屋に風水を取りいれると、運気がアップしてますますハッピーな生活が送れるかも。ねがいに合わせてえらんでみてね。

ラブ運をあげたい！

まくらカバーやベッドカバーをピンク系でまとめると、恋愛運がアップ。まくらもとにポプリやルームフレグランスなど、香りのよいアイテムをおくのもおすすめ♪

友だちともっと仲良くなりたい！

部屋に円形や丸みのあるデザインのアイテムを取りいれると、友だち関係が円満になるよ。丸いモチーフがついたアクセサリーを身につけるのも効果アリ。

夢をかなえたい！

「将来フラワーコーディネーターになりたいから部屋に花をかざる」など、部屋に夢と関係があるものをおいてみて。夢がかないやすくなるよ。

お金をためたい！

足元をつねにキレイにしているとお金がたまりやすいよ。こまめにそうじをしよう。

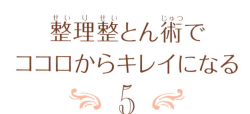

整理整とん術で
ココロからキレイになる 5

LESSON 5 を終えたあなたは……

- 🌼 キレイをキープできるようになった
- 🌼 部屋のそうじができるようになった
- 🌼 部屋をお気にいりの空間にできた

キレイな部屋は、夢をかなえる道しるべ。
片づけと整とんをしぜんにやっている
自分に気づいたとき、
あなたは夢にぐっと近づいているよ。
みんなですごす場所も整理整とんして、
笑顔をみんなとシェアしよう♥

LESSON
6

整理整とん術で理想の自分を手に入れる！

自分の部屋の整理整とんが終わったら、
家族や友だちとすごす場所もキレイにしてみよう。
みんなと気持ちよくすごせるようになって、
さらに理想の自分に近づくはず♪

笑顔あふれるおうちにしよう

みんなで使うリビングや
ダイニングのルールを決めて、
もっと居心地のいい
おうちづくりをしてみよう。
家族みんながしぜんと笑顔に
なれるような、ハッピーな
空間をつくろう。

❀ いつも決まった場所にものをもどそう

エヌジーNG！

使いおわったものを出しっぱなしにしないようにね。

ものを使ったときは、かならずもとの場所にもどして片づけよう。
いつも決まった位置においておくと、ものがなくなりにくいし、家族みんながさがす必要なく、すぐに使えるよ。

116

🌸 おうちの人と相談して使いやすく

はさみとのりをよく使うから、リビングにおいておきたい！

家族の動線を考えて、「これをここにおくとよさそう」と思うものがあれば、おうちの人に提案してみよう。

ステップアップ

家族みんなにとって使いやすいおうちにするために、おうちの人と意見交換をしてみよう。

LESSON 6 整理整とん術で理想の自分を手に入れる！

🌸 おうちの人との情報共有でくらしをスムーズに

ティッシュペーパーやトイレットペーパーなどを使いおわったとき、空の状態のものをそのままにすると、つぎに使う人がこまるよ。おうちの人に聞いて、生活用品のストックがおいてある場所を知っておこう。使いおわったら、新しいものを出しておこうね。

💎 **ハッピーポイント** おうちのキレイは、みんなでキープすることを心がけよう。みんなで話しあうことで、家族のきずなが深まるね♥

キレイなスペースを家族でシェアしよう

玄関や洗面台、トイレ、おふろは家族みんなが毎日使う場所。家族で協力すれば、家全体がキレイにキープできるね。みんなが気持ちよく使えるようにする習慣をつけよう♪

玄関を整えよう

NG!

くつがばらばらだと、お客さんが来たときにじゃまになってしまうよ。

玄関のくつは、つま先がドアのほうを向くようにそろえておこう。自分のくつだけじゃなく、ほかの人のくつもそろえればかんぺき。

マイペースタイプへのアドバイス

シューズボックスからくつを出したら、そのぶん1足しまうようにしよう。

洗面台をピカピカに

洗面台を使ったあとは、かみの毛が落ちていないか、水がまわりにとびちっていないかを確認して、キレイな状態をキープしよう。

使ったあとにティッシュでひとふきするといいよ。

おうちの人にそうじのしかたを聞いてみるのもおすすめ♥

LESSON 6 整理整とん術で理想の自分を手に入れる！

おふろをキレイに

スクイージー

おふろ場から出る前に体をふいて、脱衣所を水びたしにしないようにしよう。かがみについた水てきはスクイージーなどで取ってから出ると、かがみがよごれにくいよ。

トイレを清けつに

トイレを使ったあとは、便器や便座がよごれていないか確認しよう。よごれに気づいたらすぐにそうじするのが大切だよ。また、生理用品は見えないところにしまってね。

💎 **ハッピーポイント** おうちの人への毎日の「ありがとう」の気持ちをこめて、キレイなスペースをキープしよう。あなたの気持ちはきっとつたわるはず！

学校の整理整とんで毎日かがやく

つくえや道具箱など、学校でも
身のまわりの整理整とんに
チャレンジしてみて。
身につけた整理整とん術を、
クラスのみんなにも
教えてあげよう！

🌸 つくえまわりをすっきりさせて集中力アップ

毎日の授業に集中してのぞむうえで、つくえの整理整とんはかかせないよ。

つくえの中

登校したら、教科書を時間割順
にならべて入れよう。

➡ 67ページへ

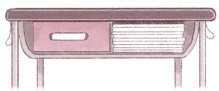

つくえの上

つくえの上には、授業で使うもの
以外はおかないようにしよう。

NG!

すぐに使わないものがつくえの上にたくさんのっていると、気がちって勉強がしづらいよ。

道具箱

あまり使わないもの / よく使うもの

ポイント
ここで紹介しているのはあくまでも例だよ！学校で決められているルールを優先してね。

43ページの「取りだしやすい位置」を参考にやってみよう！　グルーピングやラベリングをするとさらに使いやすくなるよ。

LESSON 6　整理整とん術で理想の自分を手に入れる！

おうちのつくえと同じように、よく使うものを手前に入れると、道具の出し入れがスムーズだよ。重ねる場合は、あまり使わないものを下に入れるといいね。

🌸 学校をキレイに使おう

みんなで使う場所は、キレイなほうが気持ちいいよね★

学校には、いろいろなスペースがあるよ。そうじ用具や学級文庫はみんなで使うものだから、気がついたときに整とんしよう。ロッカーやげた箱は、今は自分が使っていても、つぎの年は別の人が使うかもしれないよ。キレイに使うようにいつも心がけていれば、クラスのみんなからの印象も変わるかも★

💎 **ハッピーポイント**　身のまわりをすっきりした状態にすると、よゆうがうまれるよ。勉強も学校生活も、今よりもっと楽しくなるはず。

整理整とん術で理想の1日を★

これまでのLESSONを生かすと、あなたの1日はどう変わるかな？
あなたなりの整理整とん術で、理想の1日を送ろう！

午前 6:00 起床

昨日のうちに今日着る服を準備してあるから、すぐに着がえられるよ。

7:30 登校

準備をしっかりしておいたから、朝はよゆうをもって登校できるよ。もちろんわすれものはナシ。

8:15 学校にとうちゃく

ランドセルからそのまま教科書をつくえにうつすよ。

午後 3:30 帰宅

今日もらったプリントを整理。おうちの人向けのプリントはすぐにわたすよ。宿題のプリントがあるなら、ここでチェック！

4:30 習い事

習い事アイテムをグルーピングしているから、時間によゆうをもって向かえるよ。

6:00 帰宅

目についた家の中のよごれをさっとふくよ。

整理整とん術が身について、理想の自分に近づけたよ！

LESSON 6 整理整とん術で理想の自分を手に入れる！

8:45 1時間目 国語

つくえの中にあるいちばん上の教科書を出せば準備完了。

10:40 3時間目 図工

道具箱の収納がキレイにできているから、スムーズに作業できるよ。

7:30 宿題

宿題セットをもってリビングへ。すぐに宿題に取りかかれるよ。

8:00 おふろ

おふろあがりには、かがみの水てきをスクイージーで取ってぴかぴかに。

8:30 明日の準備

明日の服や教科書、授業道具の準備。ねる前の片づけタイムで部屋がすっきり。

9:00 就寝

すてきな1日だったな♥

整理整とん術で
ココロからキレイになる 6

LESSON 6 を終えたあなたは……

🌸 **家族ですごす場所をキレイにできた**

🌸 **学校生活をスムーズに送れるようになった**

共有スペースまでキレイにできれば、
整理整とん術はすっかりマスター。
みんなの笑顔を見ていたら、
あなたまで笑顔になれるはず。
いつでも、どこでも
キレイな空間にかこまれれば、
あなたの毎日はもっとかがやくよ。
これが整理整とん術のひみつだよ。

整理整とんをはじめる前と、終わったあと。
自分のことを見つめなおしてみて。
あなたは、どんなふうに変わったかな。
つぎは、どんな自分になりたい？
もう一度、夢や目的、目標を考えてみよう。
夢はこれからどんどん変わっていくもの。
そのたびに、整理整とん術は、
きっとあなたを助けてくれるはずだよ。

監修●梶ヶ谷陽子

Bloom Your Smile 代表。整理収納アドバイザーや住空間収納プランナー、クリンネスト1級など暮らしに関わる資格を多く持つ。また親・子の片づけマスターインストラクターの資格ももち、子どもの片づけにも力を入れている。2015年7月、ハウスキーピング協会最高位資格の整理収納アカデミアマスターを取得。Amebaブログ「整理収納レシピ。」が話題を呼び、2015年6月より公式トップブロガーとして活動。テレビ、書籍、講演、商品PRなど様々なメディアで活躍し、無印良品スタッフへの社内研修講師を務めた経験あり。2017年12月には自身初のプロデュース商品「Carry Storage」シリーズを発売。著書に『やせる収納』『片づけのレシピ』（ともに主婦の友社）、『梶ヶ谷家の整理収納レシピ 気がつけば、ずっと無印良品でした。』（ジー・ビー）がある。
Bloom Your Smile http://bloomyoursmile.jp/
ブログ https://ameblo.jp/yoko-bys/
インスタグラム https://www.instagram.com/bloomyoursmile/

カバー・ポエムイラスト● momochy
漫画・キャラクター● よねこめ
本文イラスト● 小関恵子、Guu、後藤知江、瀬戸めぐみ、パン山おにぎり
デザイン● 鷹觜麻衣子
DTP ● スタジオポルト
校正 ● 株式会社みね工房
編集協力 ● 株式会社童夢

おしゃれマナーBook（2）
大人になってもこまらない! 整理整とん術

発行　2018年12月　第1刷
　　　2019年9月　第4刷

発行者　千葉 均
編集　　小林 夏子
発行所　株式会社ポプラ社
　　　　〒102-8519　東京都千代田区麹町4-2-6　住友不動産麹町ファーストビル　8・9F
　　　　電話　（編集）03-5877-8108　（営業）03-5877-8109
　　　　ホームページ　www.poplar.co.jp
印刷・製本　中央精版印刷株式会社

ISBN978-4-591-16075-6　N.D.C.599　127p　21cm　Printed in Japan

落丁・乱丁本はお取り替えいたします。
小社宛にご連絡ください。
電話 0120-666-553　受付時間は、月〜金曜日9時〜17時です（祝日・休日は除く）。

読者の皆様からのお便りをお待ちしております。いただいたお便りは監修者にお渡しいたします。

本書のコピー、スキャン、デジタル化等の無断複製は著作権法上での例外を除き禁じられています。
本書を代行業者等の第三者に依頼してスキャンやデジタル化することは、
たとえ個人や家庭内での利用であっても著作権法上認められておりません。

P4900233